8

9

10

11

14

18

20

30

42

47

48

49

50

55

57

65

68

71

72

79

90

100

110

111

www.ingramcontent.com/pod-product-compliance
Lightning Source LLC
Chambersburg PA
CBHW060854220526
45466CB00003B/1368